Toujours debout

Toujours debout

Recueil de poèmes

Par Lisette R.

Édition : BoD · Books on Demand, 31 avenue Saint-Rémy, 57600 Forbach, bod@bod.fr
Impression : Libri Plureos GmbH, Friedensallee 273, 22763 Hamburg (Allemagne)

ISBN : 978-2-3225-7293-9
Dépôt légal : Juin 2025

A ma mère.

Sommaire

Avant-propos 9

Chapitre 1 : Les modèles en maux d'elle 11

Chapitre 2 : Le mal a dit 31

Chapitre 3 : Les maux de l'âme 57

Avant-propos

Je crois profondément au pouvoir de l'écriture, elle est bénéfique, parfois même salvatrice.

Dans ce recueil, je vous propose un voyage au travers de différentes difficultés que l'on rencontre parfois.

Et je veux vous montrer que même si la route peut être semée d'embûches et bordée de ronces, la traversée en vaut la peine.

Car rien n'est vain et la guérison est possible.

Avec « toujours debout », je vous invite à vous relever et à trouver la force de continuer, à trouver la compassion et l'indulgence à apporter à votre passé.

Avec mes mots, j'espère pouvoir apaiser quelques-uns de vos maux.

J'espère aussi pouvoir vous transmettre le doux virus de l'écriture thérapeutique.

Je vous confie ma poésie, je vous offre mes vers, prenez-en soin.

Douce lecture.

Chapitre 1

Les modèles en maux d'elle

Petite fille

Petite fille apeurée
Que t'a-t-on inculqué ?
Que c'est dangereux au dehors
Que vivre c'est risquer de mourir
Qu'il vaut mieux rester enfermée
Pour se protéger
Isolée, pour ne pas souffrir

Dans le réconfort de ta solitude
Se développe ton imaginaire
Tes riches mondes intérieurs
Profonds méandres de ton esprit
Où tu vis librement tes aventures
Et nul ne peut se douter
Des mille vies que tu as rêvées

<u>Petite bouclette</u>

Petite bouclette
Douce et fragile
Timide et craintive
Au regard interrogateur
Les sourcils froncés et le nez plissé
Observe le monde les yeux grands ouverts

Petite bouclette a peur
Elle est entourée d'ogres
Qui veulent la dévorer
Profiter de sa fragilité
Lui voler son innocence
Alors elle se terre et se tait

Petite bouclette n'ose rien
Se met entre parenthèses
Mais elle voit tout et retient tout
Elle comprendra bien plus tard
Les tragédies qui se jouent
A répétition

Petite bouclette, viens
Tout contre moi
Trouve refuge dans mes bras
Je suis là pour toi
Trouve en moi ce réconfort
Ressource-toi juste ici
Et vis

~~

~~

Gronde l'orage

Tapie dans l'ombre
Pendant que l'ogre gronde
Bien au fond sous mon lit
Pour éviter qu'il ne me vît

Sa voix de stentor résonne
Faisant trembler les murs
Sans relâche l'orage tonne
Fracassant nos maigres armures

~~

<u>KO</u>

Aux repas familiaux
Mon appétit d'oiseau
Est vécu comme un fléau
Réveillant le bourreau
Qui chaque fois me met ... KO !

<u>Que toi</u>

Tu sais quoi ?
Si je n'avais eu que toi
Je ne serais déjà plus là
Heureusement,
Ce n'était pas le cas !

~~

<u>On le croyait gentil</u>

« Pourquoi tu ne l'aimes pas ?
Il s'occupe pourtant bien de toi,
Tu renies tes origines, là d'où tu viens,
Serais-tu ingrate ou bien ? »

Ça glisse, j'encaisse en silence
Indulgente pour leur ignorance
Alors qu'il a souvent oublié d'être gentil
Toujours une attention, une plaisanterie
Mais pour les autres, jamais pour nous
Préférant se montrer méchant ou jaloux

Il préférait sa bouteille et ses tickets à gratter
Jouer au tiercé, quarté, quinté
Rester au bar et avec les soulards deviser
Plutôt qu'en vacances nous emmener

~~

Parti ?

Quand il s'en est allé
Je n'ai pas pleuré
Mon cœur est resté froid
Celui qu'il a mis en moi

De moi il a ôté
La possibilité de m'aimer
Et même l'envie d'exister

En moi il a laissé
Des rêves inachevés
D'un autre plus aimant
Me rassurant doucement

Dans ces rêves aujourd'hui
Il ne semble jamais parti
Continuant de me gâcher la vie

~~

Enfin vivre

A toi qui encore me hante
Qui sans cesse revient la nuit
Pour bouleverser mon équilibre
Et faire revivre l'enfant apeurée

A toi à qui aujourd'hui je dis
Tu sais j'ai grandi et je suis libre
Il est vraiment temps de partir
Et de me laisser enfin vivre

~~

Anniversaires

Ceux que je ne fêterai pas
Je n'aurai aucune pensée
Pour toi et ta vie passée
Car tu ne le mérites pas

Ni cierge ni bougie
Ni cadeau ni gâteau
Ni engouement ni recueillement

Je te fais tomber dans l'oubli
Avec indifférence je tourne le dos
A cette enfance sans émerveillement

Je te dois quand même un merci
Grâce à toi je sais ce que je veux
Un homme profondément gentil
Et il est à la hauteur de mes vœux

~~

<u>Pas une fleur</u>

Même pas une fleur à lui porter ?
Non, car celui qui t'a aimée
Moi, il n'a su que me rejeter
Avant même de me connaître
Ni même de me voir naître

Comme si je n'étais pas assez bien pour lui
Ou qu'aucun intérêt n'avait ma vie
Lui que jamais je ne vis
La peur pourtant il m'a transmis

Faisant planer la menace
Ne me laissant pas espérer
Car je ne serai jamais assez
Blessure que rien n'efface
Se sentir digne d'être aimée

~~

~~

<u>Peur au ventre</u>

La peur au ventre...
Celle qui m'a reliée à ces femmes,
que je n'ai pas connues.
Néfaste cordon ombilical
qui m'empoisonne de l'intérieur.
Engluée dans les pertes passées,
cette peur au ventre s'est immiscée
dans ma chair.
Et j'ai bien failli trépasser,
manquant de répondre ainsi aux prophéties.
Comme un poids bien trop lourd à porter,
que j'ai totalement englouti.
Cette peur au ventre... je l'ai faite mienne.
Cette peur au ventre ne m'appartient
pourtant pas... c'est la leur.
Et je suis prête à leur restituer et à m'en libérer.
Pour vivre, tout simplement.

~~

~~

L'ombre

L'ombre d'une femme
Au-dessus de moi
Qui murmure mon prénom
Familière et étrangère
Me faisant prisonnière
D'un héritage que je ne connais pas
Souffrances d'une parenté

L'ombre de cette femme
S'adressant à moi
Ne porte pas mon nom
Pourtant enchaînées
Filiation aliénée
D'une histoire que je ne comprends pas
Ne trouvant pas la paix

L'ombre de la femme
Qui n'est pas moi
Juste une intuition
D'un ici et d'un ailleurs
Transmettant ses peurs
Pourtant c'est moi qui suis là
Et le message est délivré

~~

<u>La disparue</u>

Disparue trop tôt
Si jeune et si fragile
Mon histoire liée à toi
Déterminée par ton trépas
Peut être une ressemblance
Une répétition
D'une douleur indicible
De ce qui ne devrait pas
Tu es la disparue
Que je ne connais pas
Qui repose dans les entrailles
D'un père que je n'aimais pas

~~

Pas ma faute

On m'a coupé les ailes
Avant même que je sache voler
Alors je me suis crashée
Sans airbag, et ça fait mal
Mais ce n'était pas de ma faute

Tout ce qui m'est arrivé
Ce n'était pas mérité
Juste un mauvais tirage
Ou un mauvais héritage
Ce n'était vraiment pas de ma faute

Je ne suis responsable de rien
J'ai peut-être pas eu de chance
Maintenant il faut que j'avance
Qu'enfin je me sente bien
Parce que ce n'était pas de ma faute

~~

Fardeaux

Me libérer des fardeaux
De la charge et du poids
Pour laisser derrière moi
Ce qui m'appartient ou pas
Qui ralentit mon pas
Et me tire vers le bas
Pour sortir de ce combat

Aux douleurs tourner le dos
Faire un pas de côté
Et trouver la légèreté
Vaincre, vivre et avancer
Ne plus me sentir bridée
Tous les carcans faire éclater
Et conquérir ma liberté

~~

~~

<u>Atlas</u>

Atlas
Ce géant qui porte le monde
Courbé et à bout de bras
Plié par le poids

Lasse
Je ne suis pas une géante et pourtant
Le poids m'écrase harassant
Mes épaules fléchissent

Atlas
Ce titan sous notre terre ronde
Châtiment divin sur son dos
Son céleste fardeau

Lasse
Lourdes sont les transmissions
Injuste est la filiation
Je ne supporte plus ce sacrifice

~~

~~

<u>Briser le cercle</u>

Référents malveillants
Et femmes en souffrances
Oser briser le cercle

~~

~~

De mère en fille

J'aurais dû t'appeler mamie
Connaître ton affection
J'aurais dû porter ton prénom
Seules quelques lettres nous lient

Tu as fait de ta fille une orpheline
Laissant ce vide que rien ne comble
Déterminant ma venue au monde
Privées de nos racines

Tu as fait de nous
Cette fille et cette mère
Unies envers et contre tout
Pour consoler nos cœurs solitaires

~~

Chapitre 2

Le mal a dit

~~

<u>Réminiscences</u>

Surgissent en ma mémoire
Des images d'une autre vie
En réminiscences

~~

<u>Boom et Bang</u>

Me reviennent en boomerang
Les douleurs passées
Et les peurs oubliées
Échos de mon big bang

~~

~~

<u>Décembre</u>

Le mois où je tremble
Où l'avenir se désassemble
Souvenir d'un temps maudit
Où je pensais perdre la vie

~~

<u>Minuit un 31.12</u>

Heure fatidique
Où je bascule
Dans une demi-vie

EMI

Elle s'enfonce aussi bien qu'elle flotte
L'obscurité l'appelle et les néons l'éblouissent
Le sentiment d'être vaporeuse et pesante
Regarder droit devant ou rester derrière
Elle ne sait quelle direction emprunter

~~

~~

<u>Janvier</u>

Enfin rassérénée
Car le pire est passé
La vie n'a pas encore repris
La triste histoire se poursuit

~~

<u>Février</u>

Dans le vif je suis tranchée
Dans ma chair je suis meurtrie
La douleur est mon alliée
Et le vide, mon nouvel ami

~~

<u>Organe</u>

Organe mon bel organe
Ennemi bien-aimé
Dans mes tissus morcelés
L'anarchie tu as laissé

~~

<u>Coin d'enfance</u>

Coin d'enfance ou d'adolescence.
En noir et blanc ou en couleur.
Ici, la douceur atténue la douleur.
Ici, la chaleur emplit mon corps qui se vide.
Un coin d'enfance et de réconfort.
A mes côtés, fidèles compagnons,
amis, confidents.
Jamais seule grâce à vous,
un peu seule sans vous.
Tant de douceur et de chaleur,
qui se diffusent en moi et me soulagent.
Qui me font oublier mes maux,
bercée par les ronrons et les caresses.
Du bien-être et de l'amour, l'amour
inconditionnel, celui qui porte et qui guérit.
Mes alliés, qui me donnent la force et le courage
d'affronter et traverser.
Dans la bienveillance, ils me rassurent,
me réconfortent.
Rassérénée et sans douleur.
Dans mon lit douillet, bien doux et bien chaud,
mon cocon, havre de paix.
Mes deux guérisseurs, et les deux font la paire.
Merci d'avoir existé, d'avoir été là pour moi,
dans cette triste et douloureuse traversée.

Les mois

Les mois passent
De guerre lasse
Me roule en fœtus
Montagnes russes

Squelette

Jeune fille maigrelette
Qui tient à peine debout
Et fait des castagnettes
Avec les genoux

Que la peau sur les os
Vrai cachet d'aspirine
Perdu trop de kilos
Même son reflet se débine !

Petit corps squelette
Erre telle une dame blanche
S'évapore comme un spectre
Pas plus épaisse qu'une planche

~~

~~

<u>Fantôme</u>

Adolescence fantôme
Une ombre sans vie
Ni joie, atone
Aucune énergie

~~

Morte ?

"On dirait une morte"
Lance-t-elle plaisantant
Suis-je bien de la sorte ?
Me dis-je au-dedans

La dernière chance

Je la saisis sans réfléchir
Car je n'ai pas peur de mourir
Mais de continuer à vivre ainsi
Et ce n'est vraiment pas une vie

~~

~~

Cobaye

Souris dans une cage
Pas de fuite
Malgré mon jeune âge
J'ingurgite
Des risques il y a
Mais ai-je le choix ?

~~

~~

<u>Les ans</u>

Passent les ans
Blessure du passé
Au temps présent
Impossible d'oublier

~~

~~

<u>La fracture</u>

Opération rébellion
Mes propres décisions
Je dis stop, c'est ma fracture
Pour plus de douceurs futures

~~

~~

<u>Stigmates</u>

Stigmates que rien n'efface
Le corps gravé
Qui sera assez tenace
Pour m'en libérer

~~

<u>Histoire de peau</u>

Histoire de peau
De cicatrices
Origine de maux
Un supplice

Histoire de peau
Zébrée
En recto verso
Abîmée

Histoire de peau
En sacrifice
Au fond des eaux
Des abysses

Histoire de peau
Scarifiée
Plus de mot
Détestée

~~

~~

<u>Différence</u>

Ma peau n'est pas un cadeau
Mon corps, pas un trésor

Trop jeune pour souffrir
Déjà abîmée
Pas eu le temps de me construire
Les ailes coupées

Je sais pas où j'ai trouvé la force
De me relever
De grandir, vivre et exister
Malgré les épreuves atroces
J'ai résisté
Et les cicatrices acceptées

Ma différence
C'est ma résilience
Et ma différence
Est devenue une chance

Ma peau est un cadeau
Mon corps, un trésor

~~

Femme en flammes

Un dragon habite mon corps
Il vit en moi
Et il a élu domicile
Dans mon antre

Il crache son feu dévastateur
Aidé d'un lance-flamme
Il souffle sur les braises encore rougeoyantes
Et instamment le brasier s'enflamme

Alors tout en moi s'embrase
Je vis en combustion permanente
Eruptions volcaniques et torrents de lave
Mes entrailles se tordent et me broient

Mes cellules sont des pyromanes
Qui allument les mèches de la douleur
C'est tout mon être qui flambe
Attention, chairs hautement inflammables

Autodafé viscéral
Crematorium intérieur
La température monte
Je suis à 451 degrés
Fahrenheit
Ça chauffe
Et je brûle
D'un feu pas d'artifice
~~

~~

Le mal me dévore
Il me pilonne
Explosif et cramoisi
Je prends des déflagrations
Sans cesse et c'est pas sensas'
Bombardements à ciel ouvert
Je vis l'enfer sur terre

Rien ne peut éteindre l'incendie
Ni apaiser ce bûcher ardent qui me consume
Fournaise incandescente dans ma tour infernale

J'ai pas encore trouvé la sortie de secours
Je cherche cette porte coupe-feu
Ma panic room aux murs ignifugés

Passez-moi un extincteur

~~

~~

<u>Monologue à deux voix</u>

Tu as volé mon enfance
Saccagé mon adolescence
M'infligeant tant de souffrances

Je t'ai appris la résilience

Tu as compliqué ma vie d'adulte
M'as imposé tant de tumultes
A cause de toi plus rien n'exulte

Je t'ai appris à être en lutte

Tu as ruiné mon corps
Le laissant à demi-mort
Si tu savais comme je t'abhorre

Je t'ai appris à ne pas regarder qu'au dehors

Tu as sali mes espérances
A brisé mon peu de confiance
Ne m'as laissé aucune aisance

Je t'ai appris à faire preuve de patience

Je me serais si bien passée de ça
J'aurais voulu faire d'autres choix
M'accorder bien plus de droits

Tu n'aurais pas été tout à fait toi

~~

Chapitre 3

Les mots de l'âme

Fragments

En fragments je livre mon histoire passée
et encore un peu présente
En fragments je délivre ce qui est resté coincé
et que j'ai parfois oublié
Des fragments comme des bulles qui s'envolent
puis explosent en plein vol
Des fragments qui éclatent
et défont ainsi les nœuds mêlés et enchevêtrés
Je compose de mes mots
et j'exorcise tous les maux
Je conjure le mauvais sort
car enfin de moi le mal sort

~~

Dans mon rétro

Quand je regarde dans mon retro
Ce n'est pas bien beau
J'ai traversé trop de galères
Pas envie de faire marche arrière

Trop peu connu la joie
La vie ne m'a pas bien gâtée
Pas tellement été aimée
Veux tout laisser derrière moi

Quand je regarde dans mon retro
J'ai du mal à trouver les mots
Pour savoir comment exprimer
Tout ce que j'ai pu garder

Secrets lourds à porter
Taire et étouffer
Frêles épaules, écrasées
Petite fille si réservée

~~

~~

<u>Rejetée</u>

Rester bien cachée
Ne surtout rien dévoiler
Et à tout prix m'éviter
La peine d'être rejetée

~~

<u>Ronces</u>

Mon chemin est bordé de ronces
D'épines acérées
De pierres aiguisées
Impossible d'avancer
A chaque pas elles s'enfoncent

Profondément plantées dans ma chair
Béante est la plaie
A vif, sang épais
Le mal en méfait
Lancinante douleur, mon enfer

Il me faut désinfecter
Laisser cicatriser
Faire une pause et souffler
Enfin me relever
Puis de nouveau marcher

~~

~~

<u>Embûches</u>

En équilibre
Sur un fil
Sans filet
Je trébuche

Sol mouvant
Instable
M'enfonçant
Je glisse

Obstacles
Infranchissables
Paralysants
Je bute

Au fond du trou
Dans la boue
Flaque aspirante
Je rampe

~~

~~

Brouhaha

Tout ce vacarme en moi
Dans ma tête trop de débats
Les pensées en branle-bas de combat
Les émotions en brouhaha
Je voudrais faire taire toutes mes voix
Les mettre en pause, en claquant des doigts
A l'intérieur tellement de bruit
Tout ce bazar m'abrutit
Je veux trouver un peu de calme
Pour discuter avec mon âme

~~

Gloubiboulga

J'écris là ces quelques mots
Pour déposer des morceaux de moi
Eparses et dans le désordre
Un véritable gloubiboulga émotionnel
J'essaie de mettre de l'ordre
Dans mon chaos intérieur
Rassembler les parcelles
Les rapiécer en patchwork
Je voudrais parler à mon âme
Pour qu'elle m'explique
Ce que j'ai bien pu faire
Dans mes vies antérieures
Pour que la vie soit si injuste

~~

Dans la brume

Dans la brume, purée de pois
J'y vois flou, l'ombre m'empoigne
Le brouillard est épais, cécité
Impossible d'avancer, tétanisée
Je bas des mains pour estomper
La fumée ne cesse de m'encercler
Plus de repères, rien que l'effroi
Il n'y a rien devant moi

Dans la brume, un éclat
Etincelle de vie, loin là-bas
Mon corps s'active, fait un pas
Guidée par ce je ne sais quoi
Lueur d'espoir, phare dans la nuit
La buée se lève, une éclaircie
Je distingue des reflets, ça m'éblouit
Enfin, je vois la sortie !

~~

J'ai traversé

J'ai traversé...
Des torrents de larmes
Où chaque goutte coule
Pour avoir le droit exister
Des pluies orageuses
Coups de tonnerre, éclats de voix
Et j'ai tremblé mille fois
Des cyclones tropicaux
Semant en moi des chaos
Mes états d'âme en fluctuation
Des vagues scélérates
En bouleversements émotionnels
Des errances en désespérance

J'ai traversé...
Des déserts arides
Où la solitude est écrasante
A m'en desséché le cœur
Des feux de forêt
Dévastateurs, incontrôlables
Des sentiments qui consument
Des terres stériles
Assoiffée d'équité
Soumise à l'arbitraire
Des zones en friches
Un sentiment d'abandon
Pour une existence dérisoire

~~

~~

J'ai traversé et partout
Le ciel est gris
Le climat est morose
Et mon humeur maussade

J'ai traversé et parfois
Une timide percée du soleil
Un arc-en-ciel couleur pastel
Une brise douce et apaisante
Une oasis, prairie verdoyante
Havre de paix et lueur d'espoir
A peine perceptibles, ténus mirages
Suffisants pour poursuivre le voyage
Et continuer à traverser ...

~~

~~

Mon Phoenix

Ma terre, brûlée et calcinée
Ma chair meurtrie, abîmée
Mon cœur dévasté, piétiné

Mon esprit connaît l'errance
Mon paysage intérieur est sombre
En moi tout est cendres

C'est le terreau d'une renaissance
Matière première de ma résilience
Où je puise la précieuse énergie
Pour un nouveau départ, une nouvelle vie

Ainsi surgissant de la poussière
Purifié, enrichi, encore plus fort
Ses ressources sont infinies
Il est en moi, révèle ma puissance

Il est là fier et flamboyant
Déployant ses larges ailes
Fabuleux messager
De mon âme ressuscitée

Mon Phoenix

~~

~~

<u>Recomposée</u>

Puzzle géant
Elle se recompose
Pièce par pièce
Elle sonde au plus profond
Pour retrouver les morceaux
Les mieux dissimulés
Et les plus abîmés
Elle leur passe des onguents
Leur redonnant clarté
Réassemblant doucement
Toute son entièreté
Ainsi recomposée

~~

~~

Liberté

Celle que j'ai trouvée
Que j'apprends à apprivoiser
Et que je veux savourer

Celle qui n'est pas arrivée
Pourtant encore espérée
Pourrai-je un jour t'approcher ?

~~

~~

Revanche

Revanche sur la vie
Car aujourd'hui
Tout simplement, je vis

Revanche sur mon corps
Qui après tant de désaccords
M'offre un peu de confort

Revanche sur mon cœur
Qui partage avec bonheur
De l'amour, en chœur

Revanche sur mes pensées
Qui sans limite m'ont désavouée
Maintenant je sais m'encenser

~~

~~

<u>J'avance</u>

Aujourd'hui j'avance
Et je prends confiance
Car l'envie me transporte

Aujourd'hui j'avance
C'est ma renaissance
S'ouvre une nouvelle porte

Aujourd'hui j'avance
Car je suis résilience
Et que la vie m'emporte

~~

Au cœur des éléments

En pleine tempête, la mer déchainée
Sur les parois saillantes des rochers
Les vagues viennent se fracasser
Le souffle sur mon visage me caresser
Les embruns sur mes lèvres se déposer
Sur la terre mère solidement enracinée
Aux confins de l'île divine, bien ancrée
Les feux s'adoucissent, sont atténués
Aux pouvoirs de la nature, confiée
Guérison par les éléments, espérée
Corps régénéré et cœur allégé
Ame purifiée et esprit rasséréné

~~

Guerrières

Amazone au galop, intrépide
Au courage sans égal
Reine au courroux fatal
Héroïne de ma propre légende

Sekhmet lionne rugissante
Vorace et ardente
Glorieux personnage
De mes chapitres sauvages

Pallas, protectrice déesse
Ancestrale sagesse
Combative égérie
De mes frénétiques récits

Vaillantes guerrières
D'une impétueuse lumière
Brandissant lances, arcs, épées
Fougueuses, en luttes exaltées
Arborant mille visages
Une bataille à chaque page

En moi elles sommeillent
Vient le temps de leur éveil
Déterrant l'invincible glaive
Qui de l'ennemi nous protège
A la conquête de notre puissance
Une histoire de femmes en substance

~~

<u>Une parole, un mot</u>

Une parole
Dite tout haut
Comme une libération
Une parole qui soigne

Un mot
Ecrit en silence
Comme une dénonciation
Ecrire pour guérir

Guérison de soi
De toutes les blessures
Des parties endommagées
Réunir et recoller

Guérison de soie
Cheminer pas à pas
Dans la douceur
Et le bien être retrouver

Savoir se dire
Est remède à la douleur
Savoir s'écrire
Pour gagner en légèreté

Les mots ont le pouvoir
De soulager les souffrances
Une parole intime et authentique
Vaut pour délivrance
~~

En mon île

Quand la vie est un océan tumultueux
J'aime revenir dans mon île intérieure
En ce refuge paisible où je trouve la sécurité
Je reviens en moi, car là est ma véritable demeure

Mon île est un trésor merveilleux
Où je m'émerveille de respirer
J'y savoure chaque instant
Et fait de la lenteur mon alliée

Autour de mon île l'onde s'étire
Lac infini de calme et de douceur
J'inspire profondément l'air pur et bienfaisant
Qui entre sereinement dans tous mes atomes

Quand je vais plonger en mon centre
Là où tout m'est possible, tout m'est permis
Je sens chacune de mes cellules pleine de vie
Car mon âme a toute la liberté de vibrer
à sa guise

~~

~~

Narcisse

Cajoler son narcisse
Pour l'aimer avec malice
Devenir tous deux complices
Découvrir l'amour de soi
Partager cet amour de soie
Avec cet autre qui n'est autre que moi

~~

~~

<u>Toujours debout</u>

Maintes fois je suis tombée
J'ai réussi à me relever
Chaque fois déterminée
De continuer à avancer
Ne pas vivre à moitié
Jamais sur le bas côté
Au milieu du chemin marcher
Avec toute ma dignité
Jamais à genoux
Mais toujours debout

~~

Toujours debout

Remerciements

Merci à toi qui vient de me lire, merci de m'avoir accordé ton temps et ta confiance.

Merci à mes soutiens indéfectibles, à celles et ceux qui m'ont encouragée, qui m"ont accompagnée, relue et conseillée.
Sans vous, ce recueil serait tout autre, et peut-être bien qu'il ne serait pas …

Merci à cette partie de moi qui a osé écrire et publier malgré ses appréhensions.

Peut-être à bientôt pour d'autres aventures poétiques ….

Retrouvez-moi sur instagram :

@lisette_coach_des_transitions
@_lafilledelhiver_